마음 하나

국립중앙도서관 출판시도서목록(CIP)

마음 하나 / 지은이: 조오현. -- 양평군 : 시인생각, 2013
 p. ;   cm. -- (한국대표명시선100)

ISBN 978-89-98047-09-2 03810 : ₩6000

한국 현대시[韓國 現代詩]

811.7-KDC5
895.715-DDC21   CIP2013010613

한국대표
명시선
100

조 오 현

마음 하나

시인생각

■ 시인의 말

물속에 잠긴 달

　그날 밤 대중들이 잠이 들어 달빛을 받은 나뭇가지들이 산방 창호지 흰 살결에 얼룩덜룩한 그림을 그리고 있을 때 김행자는 '나라는 존재는 무엇인가'라는 의문 때문에 잠이 오지 않아 마당으로 나왔지요. 땅바닥에 무릎까지 쌓인 풍경 소리를 한동안 밟다가 거기 관음지觀音池 둑에 웬 낯선 사내가 두 무릎을 싸안고 앉아 있는 것을 보았지요. '이 밤중에?' 김행자는 머리끝이 쭈빗쭈빗 곤두섰지만 무엇에 이끌리듯 사내의 등 뒤에 가 서서 사내의 동정을 살피고 있었지요. 그런데 그 사내는 인기척을 느꼈는지 못 느꼈는지 괴이적적한 수면에 떠오른 달그림자만 뚫어지게 바라보고 있을 뿐 마치 무슨 짐을 몽똥그려 놓은 것처럼 미동도 없었지요.

마침내 달이 기울면서 자기 그림자를 거두어 가고 관음지에 흐릿한 안개비가 풀어져 내리자 사내는 늙은이처럼 시시부지 일어나며 '그것참…… 물속에 잠긴 달은 바라볼 수는 있어도 끝내 건져낼 수는 없는 노릇이구먼…….' 하고 수척한 얼굴을 문지르며 흐느적흐느적 산문 밖으로 걸어 나가는 것을 다음 날 새벽녘에 보았지요.

조오현

■ 차 례 ──────────── 마음 하나

시인의 말

1 내가 죽어 보는 날

나의 명상　15
내가 죽어 보는 날　16
내 울음소리　17
죄와 벌　18
내가 나를 바라보니　19
염장이와 스님　20
아득한 성자　25
평화를 위하여　26
청개구리 한 마리　27

한국대표명시선100 조오현

창문을 열면 28
새벽 종지기 29
수달과 사냥꾼 30
늙은 중과 도둑 31
홍류동 늦진달래 32
들오리와 그림자 33
숲 34
허수아비 35
산에 사는 날에 36
타향 37

2 졸고 앉은 사공

효자의 울음　41
석가의 생애　42
졸고 앉은 사공　43
들여우　44
사랑의 거리　45
미화원 김 씨의 물음에　46
신사와 갈매기　47
마음 하나　48
스님과 대장장이　49

비슬산 가는 길　50
고궁의 벽화　51
반석에 누워　52
그대를 만나기 위해서　53
재 한 줌　54
인천만 낙조　55
옹장이의 상엿소리　56
오늘의 낙죽烙竹　57
아지랑이　58
삶에는 해갈解渴이 없습니다　59
파도　60

가을 하늘은   61

불국사가 나를 따라와서   62

고목 소리 들으려면   64

바위 소리 들으려면   65

장부 소리 들으려면   66

여자 소리 들으려면   67

중놈 소리 들으려면   68

궁궐의 바깥 뜰   69

새싹   70

하루   71

탄생 그리고 환희 ―새해 동해 일출을 보며   72

3 이 세상에서 제일로 환한 웃음

침목枕木　74
잃어버린 날　75
보리타작 마당에서　76
이 세상에서 제일로 환한 웃음　78
다람쥐 두 마리　80
내가 쓴 서체를 보니　82
살갗만 살았더라　83
목숨 값　84

내 몸에 뇌신雷神이 와서　85
하룻밤에　86
망월동에 갔다 와서　87
육감　88
내 삶은 헛걸음　90
두드러기　91
오늘의 정가　92

조오현 연보　93

1
내가 죽어 보는 날

나의 명상

나의 명상은
나무가 꽃을 피우고
열매를 맺고
열매가 맛들어서
나의 몸에 자양이 되기까지다.

내가 죽어 보는 날

부음을 받는 날은
내가 죽어 보는 날이다.

널 하나 짜서 그 속에 들어가 눈을 감고 죽은 이를
잠시 생각하다가
이날 평생 걸어왔던 그 길을
돌아보고 그 길에서 만났던 그 많은 사람
그 길에서 헤어졌던 그 많은 사람
나에게 돌을 던지는 사람
나에게 꽃을 던지는 사람
아직도 나를 따라다니는 사람
아직도 내 마음을 붙잡고 있는 사람
그 많은 얼굴들을 바라보다가

화장장 아궁이와 푸른 연기
뼛가루도 뿌려본다.

내 울음소리

한나절은 숲 속에서
새 울음소리를 듣고

반나절은 바닷가에서
해조음 소리를 듣습니다.

언제쯤 내 울음소리를 내가 듣게 되겠습니까.

죄와 벌

우리 마을 밭두렁에
벼락 맞은 대추나무

무슨 죄가 많았을까
벼락 맞을 놈은 난데

오늘도 이런 생각에
하루해를 보냅니다

내가 나를 바라보니

홀로 우두커니 앉아
내가 나를 바라보니

기는 벌레 한 마리가
몸을 폈다 오그렸다가

온갖 것 다 갉아먹으며
배설하고
알을 슬기도 한다

염장이와 스님

어느 신도님 부음을 받고 문상을 가니 때마침 늙은 염장이가 염습殮襲을 하고 있었는데 그 염습하는 모양이 얼마나 지극한지 마치 어진 의원이 환자를 진맥하듯 시신屍身 어느 한 부분도 소홀함이 없었고, 염을 다 마치고는 마지막 포옹이라도 하고 싶다는 눈길을 주고도 모자라 시취屍臭까지 맡아 보고서야 관 뚜껑을 덮는 것이었습니다.

사실 오늘 아침 한솥밥을 먹은 가족이라도 죽으면 시체라 하고 시체라는 말만 들어도 섬찍지근 소름이 끼쳐 곁에 가기를 싫어하는데 생전에 일면식도 없는 생면부지의 타인, 그것도 다 늙고 병들어 죽어 시충屍蟲까지 나오는 시신을 그렇게 정성을 다하는 염장이는 처음 보았기에 이제 상제와 복인들에게 인사를 하고 돌아가는 염장이에게 한마디 말을 건네 보았습니다.

"처사님은 염을 하신 지 몇 해나 되셨는지요?"
"서른둘에 시작했으니 한 40년 되어 갑니다."
"그러시면 많은 사람의 염을 하신 것 같으신데 다른 사람의 염도 오늘처럼 정성을 다하십니까?"

"별말씀을 다 하시니…. 산 사람은 구별이 있지만 시신은 남녀노소 쇠붙이 다를 것이 없디더. 내 소시에는 돈 땜에 이 짓을 했지만 이 짓도 한 해에 몇백 명 하다 보니 남모를 정이 들었다 할까유. 정이……. 사람들은 시신을 무섭다고 하지만 나는 외려 산 사람이 무섭지 시신을 대하면 내 가족 같기도 하고 어떤 때는 내 자신의 시신을 보는 듯해서……"

이쯤에서 실없는 소리 그만하고 갈 길을 그만 가야겠다는 표정이더니 대뜸,

"내 기왕 말씀이 나온 김이니 시님에게 한 말씀 물어봅시더. 이 짓도 하다 보니 시님들도 많이 만나게 되는데, 어떤 시님은 사람 육신을 피고름을 담은 가죽 푸대니, 가죽 주머니니, 욕망덩어리라 이것을 버렸으니 물에 잠긴 달그림자처럼 영혼은 걸림이 없어 좋겠다고 하시기도 하고, 어떤 시님은 허깨비 같은 빈 몸이 곧 진리의 몸이라 했던가유? 그렇게 하고, 또 어떤 시님은 왕생극락을 기원하며 염불만 하시는 시님도 있고……. 아무튼 시님들 법문도 각각인데 그것은 그만두시고요. 참말로 사람이 죽으면 극락지옥이 있습니꺼?"

흔히 듣는 질문이요 신도들 앞에서도 곧잘 해왔던 질문을 받았지만 이 무구한 염장이 물음 앞에는 그만 은산철벽을 만난 듯 동서불명東西不明이 되고 말았는데, 염장이는 오히려 공연한 말을 했다는 듯,

 "염을 하다 보면 말씀인데유. 이 시신의 혼백은 극락을 갔겠다 저 혼백은 지옥에 갔겠다 이런 느낌이 들 때도 더러 있어 그냥 해본 소리니더. 이것도 넋 빠진 소리입니더만 분명한 것은 처음 보는 시신이지만 그 시신을 대하면 이 사람은 청검하게 살다가 마 살았겠다 이 노인은 후덕하게 또는 남 못할 짓만 골라서 하다가 이 시신은 고생만 하다가 또는 누명 같은 것을 못 벗고…… 그 뭐라 하지유? 느낌이랄까유? 그, 그 사람이 살아온 흔적 같은 것이 시신에 남아 있거든요?"

 하고는 더 말을 하지 않을 듯 딸막딸막하더니, 당신의 그 노기老氣로 상대가 더 듣고 싶어하는 마음을 읽었음인지,

 "극락을 갔겠다는 느낌이 드는 시신은 대강대강 해도 맘에 걸리지 않지만 그렇지 않은 죄가 많아 보이는 시신을 대

하면 자신이 죄를 지은 것처럼 눈시울이 뜨뜻해지니더. 정이니더, 옛사람 말씀에 사람은 죽을 때는 그 말이 선해지고 새도 죽을 때는 그 울음이 애처롭다 했다니더. 죽을 때는 누구나 다 선해지니더……. 이렇게 갈 것을 그렇게 살았나? 하고 한번 물어보면 영감님 억천 년이나 살 것 같아서, 가족들 기쁘게 해주고 싶어서 한번 잘 살아 보고 싶어서 그랬니더. 너무 사람 울리시면 내 화를 내고 울화통 터져 눈 못 감고 갑니더. 이런 대답을 들으니 아무리 인정머리 없는 염쟁이지만 정이 안 들겠니꺼? 그 돌쟁이도 먹 놓고 징 먹일 때는 자기의 혼을 넣고…… 땜쟁이도 그렇다 하는데 오늘 아침 숨을 같이 쉬고 했던 사람이 마지막 가는데유……. 아무런들 이 짓도 정이 없으면 못해 먹을 것인데 그렇듯 시신과 정을 나누다가 보면 어느 사이 그 시신 언저리에 남아 있던 삶의 때라 할까유? 뭐 그런 것이 걷히고 비로소 내 마음도 편안해지거든요. 결국은 내 마음 편안하려고 하는 짓이면서도 남 눈에는 시신을 위하는 것이 풍기니 나도 아직……."

하고는 잠시 나를 이윽히 바라보더니,

"시님도 다 아시는 일을 말했니더. 나도 어릴 때 뒷절 노시님이 중 될 팔자라 했는데 시님들 말씀과 같이 죄업이라는 것이 남아 있어서……. 이제 나도 갈 일만 남은 시신입니더."
 이렇게 말끝을 흐리는 것이었습니다.

아득한 성자

하루라는 오늘
오늘이라는 이 하루에

뜨는 해도 다 보고
지는 해도 다 보았다고

더 이상 더 볼 것 없다고
알 까고 죽는 하루살이 떼

죽을 때가 지났는데도
나는 살아 있지만
그 어느 날 그 하루도 산 것 같지 않고 보면

천 년을 산다고 해도
성자는
아득한 하루살이 떼

평화를 위하여

삶의 즐거움 모르는 놈이
죽음의 즐거움을 알겠느냐

어차피 한 마리
기는 벌레가 아니더냐

이 다음 숲에서 사는
새의 먹이로 가야겠다

청개구리 한 마리

어느 날 아침 게으른 세수를 하고 대야의 물을 버리기 위해 담장가로 갔더니 때마침 풀섶에 앉았던 청개구리 한 마리가 화들짝 놀라 담장 높이만큼이나 폴짝 뛰어오르더니 거기 담쟁이넝쿨에 살푼 앉는가 했는데 어느 사이 미끄러지듯 잎 뒤에 바짝 엎드려 숨을 할딱거리는 것을 보고 그놈 참 신기하다 참 신기하다 감탄을 연거푸 했지만 그 놈 청개구리를 제題하여 시조 한 수를 지어 보려고 며칠을 끙끙거렸지만 끝내 짓지 못하였습니다. 그놈 청개구리 한 마리의 삶을 이 세상 그 어떤 언어로도, 내가 죽을 때까지 찬미할지라도 다 찬미할 수 없음을 어렴풋이나마 느꼈습니다.

창문을 열면

책을 펼쳐 놓고 창문을 열면
이름 모를 온갖 새들 이미 다 읽었다고
이 나무 저 나무 사이로 포롱포롱 날고……

풀잎은 풀잎으로 풀벌레는 풀벌레로
크고 작은 푸나무들 크고 작은 산들 짐승들
하늘 땅 이 모든 것들 이 모든 생명들이……

하나로 어우러지고 하나로 어우러져
몸을 다 드러내고 나타내 다 보이며
저마다 머금은 빛을 서로 비춰 주나니……

새벽 종지기

우리 절 종지기는 매일같이 새벽 3시만 되면 천근이나 되는 대종을 울리는데 한 번은 "새벽 찬바람이 건강에 해롭다 하니 다른 소임을 맡는 것이 어떻겠느냐"고 물어보니 "안 됩니다. 스님 임종하실 때까지 제가 맡을 것입니다. 20여 년 전 노스님 종성도 제가 했는데 그 종소리 흐름이 얼마나 맑고 크고 길었는지……. 그 종성 듣고 울지 않은 사람이 없었습니다. 한데 그날 이후 이날까지 그 소리 한 번도 못 들었습니다. 그날보다 더 정성을 모아도 그 소리가 나오지 않는 것을 보니 종도 뭘 아는가 모르지만 스님 임종하시면 그 소리 나올 것 같습니다." 하고는, "좌우지간 그 소리 한 번 듣고 그만둬도 그만둘 것입니다." 하고 그 누구도 맡기 싫어하는 종지기를 계속하겠다는 것이었습니다.

수달과 사냥꾼

 어떤 젊은 사냥꾼이 때마침 먹이를 찾아 물가에 나온 수달피 한 마리를 잡아 껍질을 벗겨 기세등등 집으로 돌아왔는데요 그 다음 날 내버린 수달피의 뼈가 어디로 걸어간 핏자국이 보여 그 핏자국을 조심조심 따라가니 어느 동굴 속으로 들어갔는데요 그 어둑어둑한 동굴 속에는 전날 껍질을 벗기고 살을 발라낸 수달피의 한 무더기 앙상한 뼈가 아직도 살아 다섯 마리나 되는 자기 새끼들을 한꺼번에 감싸 안고 있었는데요 아직 눈도 뜨지 않은 새끼놈들은 에미의 참상도 못 보고 젖을 달라고 칭얼거리고 있었는데요 사냥꾼이 사람이 아무리 지독하대도 그 에미와 그 새끼들을 보고는 살 수도 죽을 수도 없어서 그 새끼들이 자립할 때까지 에미 수달피가 되었다는데요 그 기간이 3년이었지만 3억 년이나 된 것 같았다는데요 결국 세상 길 마음 길이 다 끊어졌다는데요 세상 길 마음 길이 다 끊어진 사람이 갈 곳은 절간밖에 없었는데요 절간에서도 몸에서 비린내가 난다고 받아주지 않았는데요 숯불을 담은 화로를 머리에 이고 뜰에 서 있었는데요 정수리가 터지고 우렛소리가 진동했는데요 그때사 절에서 살아도 좋다는 허락이 떨어졌대요.

늙은 중과 도둑

절이라고 하면 산은 높고 골도 깊고 물도 맑아 그 부근에 가면 기우뚱한 고탑 석불 그을린 석등 버려진 듯한 부도 탑신 주춧돌 홈대 장독 무거운 축대 돌담 돌다리 설해목 같은 것이 보이고 그래서 조금은 서늘하고 고풍스럽고 밤이면 폭포수 떨어지는 소리와 함께 날짐승 길짐승들 울음소리로 하여 적막을 더해줘야 하는데 그렇지 못하고 어떤 도류道流들이 살다가 내버리고 간 그래서 담장은 진작 다 허물어지고 마당에는 풀이 무성한 파옥 한 채가 있었는데 언제 어디서 왔는지 한 늙은 중이 그 파옥에 와서 살고 있었는데 마을 사람들은 그 늙은 중을 위해 늙은 중이 외출한 사이 담장을 쌓고 풀을 뽑고 집을 깨끗하게 보수를 해 놓았는데 외출에서 돌아온 그 늙은 중 왈,

"풀을 다 뽑아버렸으니 이제는 풀벌레 소리도 못 듣게 되었군."

시큰둥한 표정이었는데 집을 보수를 해 놓으니 집주인이 부자인 줄 알고 도둑이 들었는데 늙은 중은 도둑에게 줄 물건이 없어 입고 있던 옷을 홀랑 다 벗어주고 알몸으로 마당가에 나와 둥근 달을 쳐다보고 밝아졌습니다.

"저 아름다운 달까지 줄 수 있었더라면 얼마나 좋았을까."

홍류동 늦진달래

가야산 봄꽃 구경 갔다가 한 늙은 중을 만났는데 그 늙은 중이 느닷없이
"니 어디로 왔노?"
"……"
"니 전에 여기 와 봤나?"
"……"
이렇게 물었지만 진작 답을 못하고 돌아오다가 보니 갈 때는 보이지 않던 거기 홍류동 폭포수 바위틈에 발을 담근 한 무더기 늦진달래가 마치
"그 늙은 중 혀끝에 죽은 사람이 해인사 대장경大藏經 바다에 빠져 죽은 사람들보다 더 많다! 많다!"
하고 함성을 내지르듯이 붉은 꽃물을 한꺼번에 터뜨리고 있었습니다. 그 꽃물은 홍류동 계류를 따라 끝없이 흘러가고 있었습니다.

들오리와 그림자

 해장사 해장海藏스님에게 산일山日 안부를 물었더니, 어제는 서별당西別堂 연못에 들오리가 놀다가 가고 오늘은 산수유 그림자만 잠겨 있다, 하십니다.

숲

그렇게 살고 있다 그렇게들 살아가고 있다
산은 골을 만들어 물을 흐르게 하고
나무는 겉껍질 속에 벌레들을 기르며

허수아비

새떼가 날아가도 손 흔들어 주고
사람이 지나가도 손 흔들어 주고
남의 논 일을 하면서 웃고 있는 허수아비

풍년이 드는 해나 흉년이 드는 해나
    —논두렁 밟고 서면—
내 것이거나 남의 것이거나
    —가을 들 바라보면—
가진 것 하나 없어도 나도 웃는 허수아비

사람들은 날더러 허수아비라 말하지만
맘 다 비우고 두 팔 쫙 벌리면
모든 것 하늘까지도 한 발 안에 다 들어오는 것을

산에 사는 날에

나이는 뉘엿뉘엿한 해가 되었고
생각도 구부러진 등골뼈로 다 드러났으니
오늘은 젖비듬히 선 나뭇등걸을 짚어본다

그제는 한천사 한천 스님을 찾아가서
무슨 재미로 사느냐고 물어보았다
말로는 말 다할 수 없으니 운판 한번 쳐보라 했다

이제는 정말이지 산에 사는 날에
하루는 풀벌레로 울고 하루는 풀꽃으로 웃고
그리고 흐름을 다한 흐름이나 볼 일이다

타향

세상에서 제일 높은 성곽
또 제일 큰 대궐
저 푸른 하늘
이불로 덮고 살아도
그 목숨 다할 때에는
하룻밤 객침客枕인 것을

낯선 어촌주가
일만 파도를 베고 누워
해조음 다 멎도록
잠이 든다 하더라도
그 또한 깨어날 때는
하룻밤 객침인 것을

사실 이승의 삶은
그 모두 타향살이
온 곳도 갈 곳도
아는 사람은 없고
고단한 식솔 데리고
날품팔이하는 곳

2

졸고 앉은 사공

효자의 울음

어떤 효자가 그의 어머니의 매를 맞고 밖으로 뛰쳐나왔다가
잠시 후 다시 방으로 들어가 "어머니 슬픕니다." 하고
눈물을 흘리며 소리 내어 울었지요.
전에 없이 슬프게 우는 아들을 본 그의 어머니가
"네놈이 에미의 매를 맞고 우는 것을 처음 본다.
이놈아! 에미에게 매를 맞은 것이 그리도 슬프냐?"고 묻자
무릎을 꿇고
"어머니, 소생이 어머니의 매를 맞은 것이
슬퍼서 우는 것이 아닙니다.
옛날에 어머니의 매를 맞을 때마다
종아리에 시퍼런 멍이 들고 몹시 아팠는데
오늘은 그토록 맞아도 아프지 않으니 어머니가 늙으셔서…….
기력이 다 하신 것 같아서……."
하고 어깨를 들먹거리고 있었습니다.

석가의 생애

강물도 없는 강물 흘러가게 해 놓고
강물도 없는 강물 범람하게 해 놓고
강물도 없는 강물에 떠내려가는 뗏목다리

졸고 앉은 사공

건져도 건져내어도 그물은 비어 있고
무수한 사람들이 빠져 죽은 장경藏經바다
돛 내린 그 뱃머리에 졸고 앉은 사공이여

들여우

한 사람은 무대로 걸어 들어가고
한 사람은 무대 밖으로 걸어 나오고
두 사람 모두 만나보면 둘 다 들여우

사랑의 거리

사랑도 사랑 나름이지
정녕 사랑을 한다면

연연한 여울목에
돌다리 하나는 놓아야

그 물론 만나는 거리도
이승 저승쯤은 되어야

미화원 김 씨의 물음에

오늘 아침 화곡동 미화원
김 씨가 찾아와서
쇠똥구리 한 마리가
지구를 움직이는 것을 보았느냐고 묻는다.

나뭇잎 다 떨어져서
춥고 배고프다 했다.

신사와 갈매기

어제 그끄저께 일입니다. 제법 곱게 늙은 초로의 신사 한 사람이 동해안 그 깎아지른 절벽 맨 끄트머리 바위에 걸터앉아 천연덕스럽게 진종일 동해의 파도와 물빛을 바라보고 있기에,

"노인장은 어디서 왔습니까?"

하고 물었더니

"아침나절에 갈매기 두 마리가 저 수평선 너머로 가물가물 날아가는 것을 분명히 보았는데 여태 돌아오지 않는군요."

하고 혼잣말로 중얼거리는 것이었습니다. 그런데 그 다음 날도 초로의 그 신사는 역시 그 자리에서 그 자세로 앉아 있기에,

"아직도 갈매기 두 마리가 돌아오지 않았습니까?"

했더니

"어제는 바다가 울었는데 오늘은 바다가 울지 않는군요."

하는 것이었습니다.

마음 하나

그 옛날 천하장수가
천하를 다 들었다 다 놓아도

모양도 빛깔도 향기도
무게도 없는

그 마음 하나는 끝내
들지도 놓지도 못했다더라

스님과 대장장이

하루는 천은사 가옹스님이 우거에 들러,

"내가 젊었을 때 전라도 땅 고창 읍내 쇠전거리에서 탁발을 하다가 세월을 담금질하는 한 늙은 대장장이를 만난 일이 있었어. 그때 '돈벌이가 좀 되십니까?' 하고 물었는데 그 늙은 대장장이는 사람을 한번 치어다보지도 않고 '어제는 모인某人이 와서 연장을 벼리어 갔고 오늘은 대정大釘을 몇 개 팔고 보시다시피 가마를 때우고 있네요.' 한다 말이야. 그래서 더 묻지를 못하고 떠났다가 그 며칠 후 찾아가서 또다시 '돈벌이가 좀 되십니까?' 하고 물었지. 그러자 그 늙은 대장장이는 '3대째 전승해 온 가업家業이라…….' 하더니 '젠장할! 망처기일亡妻忌日을 잊다니!' 이렇게 퉁명스럽게 내뱉고 그만 불덩어리를 들입다 두들겨 패는 거야." 하고는 밖으로 나가 망망연히 먼 산을 바라보고 서 있기에,

"어디로 가실 생각입니까?"

하고 물었더니 가옹스님은

"그 늙은 대장장이가 보고 싶단 말이다."

하는 것이었습니다.

비슬산 가는 길

비슬산 굽잇길을 누가 돌아가는 걸까
나무들 세월 벗고 구름 비껴 섰는 골을
푸드득 하늘 가르며 까투리가 나는 걸까

거문고 줄 아니어도 밟고 가면 운 들릴까
끊일 듯 이어진 길 이어질 듯 끊인 연을
싸락눈 매운 향기가 옷자락에 지는 걸까

절은 또 먹물 입고 눈을 감고 앉았을까
만첩첩 두루 적막 비워 둬도 좋을 것을
지금쯤 멧새 한 마리 깃 떨구고 가는 걸까

고궁의 벽화

고궁 벽화
누가 그렸나

황새 한 마리
눈먼 잉어를 물고

그 화공 돌아오기를
목을 꼬고 있더군요.

반석에 누워

외설악 천불동 계곡을
좋다는 말하지 말라

거기 반석에 누워
하늘을 바라보다가

흐르는 반석 밑으로
물소리나 들을 일을……

그대를 만나기 위해서

아침나절에 중년의 부인이 찾아와서
이 좋은 세상에 왜
중노릇하느냐고 묻기에
내 지금 이 순간 그대를 만나기
위해서라고
내가
중노릇 안 했으면
오늘 우리가 이렇게 만날 수
있었겠느냐고
말했다.

재 한 줌

어제, *그끄*저께 영축산 다비장에서
오랜 벗을 한 줌 재로 흩뿌리고
누군가 훌쩍거리는 그 울음도 날려 보냈다.

거기, 길가에 버려진 듯 누운 부도
돌에도 숨결이 있어 검버섯이 돋아났나
한참을 들여다보다가 그대로 내려왔다.

언젠가 내 가고 나면 무엇이 남을 건가
어느 숲 눈먼 뻐꾸기 슬픔이라도 자아낼까
곰곰이 뒤돌아보니 내가 뿌린 재 한 줌뿐이네.

인천만 낙조

그날 저녁은 유별나게 물이 붉다붉다 싶더니만
밀물 때나 썰물 때나 파도 위에 떠 살던
그 늙은 어부가 그만 다음날은 보이지 않데

옹장이의 상엿소리

강원도 어성전 옹장이
김 영감 장롓날

상제도 복인도 없었는데요 30년 전에 죽은 그의 부인 머리 풀고 상여 잡고 곡하기를 "보이소 보이소 불길 같은 노염이라도 날 주고 가소 날 주고 가소." 했다는데요 죽은 김 영감 답하기를 "내 노염은 옹기로 옹기로 다 만들었다 다 만들었다." 했다는 소문이 있었는데요.

사실은
그날 상두꾼들
소리였대요.

오늘의 낙죽烙竹

추석달이 떠오르면 조개는 숨을 죽이고
물 위로 떠올라서 입을 쫙 벌리고서
달빛만 받아들인다 속살을 다 내어 보이고

아지랑이

나아갈 길이 없다 물러설 길도 없다
둘러봐야 사방은 허공 끝없는 낭떠러지
우습다
내 평생 헤매어 찾아온 곳이 절벽이라니

끝내 삶도 죽음도 내던져야 할 이 절벽에
마냥 어지러이 떠다니는 아지랑이들
우습다
내 평생 붙잡고 살아온 것이 아지랑이더란 말이냐

삶에는 해갈解渴이 없습니다
― 황동규 시인의 시
　「사라지는 것들」에 대한 동문서답

앞들 열두배미의 논 물갈이하는 날
삶의 끄트러기는 넉걷이 끝물 덩굴
잘못 산 내 모습 같아 서둘러 걷어내었다

논두렁이도 봇도랑도 구불구불 흘러가고
쟁깃날이 나도 함께 갈아엎은 무논바닥
멍에 목 어루만지면 써레질로 저문 하루

사람이나 짐승이나 허연 거품 무는 것은
모종내고 무넘기고 한숨 돌릴라치면
그 사이 해갈의 몸에 상처 같은 엉그름

파도

밤늦도록 책을 보다가
밤하늘을 바라보다가

먼바다 울음소리를
홀로 듣노라면

천경千經 그 만론萬論이 모두
바람에 이는 파도란다

가을 하늘은

울고 가는 거냐 웃고 가는 거냐
갈대숲 기러기들 떼 지어 날고 있다
하늘도 가을 하늘은 강물에 목이 잠겨 있다

불국사가 나를 따라와서

 경주 불국사 참배를 하고 동해안을 찾았더니 천년고찰 불국사가 나를 따라와서 거기 망망한 바다에 떠 흐르고 있었습니다.

 천년고찰 불국사가 흐르는 바다 속에는 떠 흐르는 불국사 그림자가 얼비치고 있었는데, 얼비치는 불국사 그림자 속에는 마니보장전摩尼寶臟殿 그림자가 얼비치고 얼비치는 마니보장전 그림자 속에는 법계法界 허공계虛空界 그림자가 얼비치고 얼비치는 법계 허공계 그림자 속에는 축생계 광명光明 그림자가 얼비치고 얼비치는 축생계 광명 그림자 속에는 천상계天上界 암흑暗黑 그림자가 얼비치고 얼비치는 천상계 암흑 그림자 속에는 욕계欲界 미진微塵 그림자가 얼비치고 얼비치는 욕계 미진 그림자 속에는 염부단금閻浮檀金 연잎이 얼비치고 얼비치는 염부단금 연잎 그림자 속에는 인다라망因陀羅網이 얼비치고 얼비치는 인다라망 그림자 속에는 천 년 세월 그림자가 얼비치고 얼비치는 천 년 세월 그림자 속에는 석가탑釋迦塔이 얼비치고 얼비치는 석가탑 그림자 속에는 비련悲戀의 연지連枝가 얼비치고 얼비치는 비련의 연지 그림자 속에는 아사달阿斯達 아사녀阿斯女 그림자가 얼비치고 얼비치는 아사달 아사녀 그림자 속에는 그림자마다 각각 다른 그림자의 그림자가 나타나 서로 비추고 있어 그것들은 아승기겁阿僧祇劫을 두고 말할지라도 다 말할 수 없는 그 모든 그림자들을 내 그림자가 다 거두어들이고 있었습니다.

경주 불국사 참배를 하고 동해안을 찾았더니 천년고찰 불국사가 나를 따라와서 거기 망망한 바다에 떠 흐르고 있었습니다.

고목 소리 들으려면

한 그루 늙은 나무도
고목 소리 들으려면

속은 으레껏 썩고
곧은 가지들은 다 부러져야

그 물론 굽은 둥걸에
매 맞은 자국들도 남아 있어야

바위 소리 들으려면

무심한 한 덩이 바위도
바위 소리 들으려면

들어도 들어올려도
끝내 들리지 않아야

그 물론 검버섯 같은 것이
거뭇거뭇 피어나야

장부 소리 들으려면

사내라고 다 장부 아니여
장부 소리 들으려면

몸은 들지 못해도
마음 하나는
다 놓았다 다 들어올려야

그 물론
바보 같은 여자
하나 데리고 살아야

여자 소리 들으려면

여자라고 다 여자 아니여
여자 소리 들으려면

언제 어디서 봐도
거문고 줄 같아야

그 물론
죽을 때까지
기다리는 사람 있어야

중놈 소리 들으려면

놈이라고 다 중놈이냐
중놈 소리 들으려면

푸른 칼날 끝에서
그 몇 번은 죽어야

그 물론 손발톱 눈썹도
짓물러 다 빠져야

궁궐의 바깥 뜰

양지바른 언덕에 대궐로 통하는 길이 있고
탕약 짤 때 약수건을 비트는 막대기가 있다
허지만
잎담배 한냥쭝을 파는
가게는 그곳에 없다

새싹

하늘이 숨 돌린 자리 다시 뜨는 눈빛입니다
별빛이 흘겨본 자리 되살아난 불똥입니다
마침내 오월 초록은 출렁이는 파도입니다

하루

하늘빛 들이비치는 우리 집 누마루에
대오리 엮어 만든 발을 드리우니
오늘 이 하루도 그냥 어른어른거린다.

비스듬히 걸린 벽화, 신선도 한 폭
늙은 사공은 노도櫓棹를 놓고 어주魚舟와 같이 흐르고
나는 또 어느 사이에 낙조가 되었다.

탄생 그리고 환희
— 새해 동해 일출을 보며

동해 먼 물마루에는 불덩이가 이글거리고
해풍이 숨죽이는 아침뜸 한 순간에
조산원 분만실에는 새 생명 첫울음소리

새들이 소리도 없이 나래 펼쳐 올렸을 때
금빛 물기둥이 하늘 끝에 닿아 섰다
함성은 노도怒濤와 같이 밀려왔다 밀려가고

어항엔 돛을 올리고 멀리 거물거리는 고깃배들
동남풍의 뱃사람 말이나 서북풍의 뱃사람 말이나
상앗대 다 놓아버린 늙은 사공 뗏말이거나

젖 물리는 얼굴 갓난이 숨소리 숨소리
겨우내 진노한 빙벽 녹아내리는 물방울들
홍조류 바닷말들도 한참 몸을 풀고 있다.

3

이 세상에서 제일로 환한 웃음

침목枕木

아무리 어두운 세상을 만나 억눌려 산다 해도
쓸모없을 때는 버림을 받을지라도
나 또한 긴 역사의 궤도를 받친
한 토막 침목인 것을, 연대인 것을

영원한 고향으로 끝내 남아 있어야 할
태백산 기슭에서 썩어가는 그루터기여
사는 날 지축이 흔들리는 진동도 있는 것을

보아라, 살기 위하여 다만 살기 위하여
얼마만큼 진실했던 뼈들이 부러졌는가를
얼마나 많은 사람들이 파묻혀 사는가를

비록 그게 군림에 의한 노역일지라도
자칫 붕괴할 것만 같은 내려앉은 이 지반을
끝끝내 받쳐온 이 있어
하늘이 있는 것을
역사가 있는 것을

잃어버린 날

어릴 때 생각으로 팽이채를 움켜잡고
세상사 돌아보니 매들은 사또와 같아
사는 날 무슨 흥심 같은 것들 모두 놓고 말았네

장부가 사내대장부가 흥심을 잃은 날도
매 맞은 팽이는 빙판 위에서 돌고
그 물론 빙판 밑으로 물은 흘러가더라

보리타작 마당에서

타작마당에 가면
아주 못살게 하는 것이 있다.
그 옛날 보릿고개
배가 고파 비벼댔던
아직도 내 목에 걸려 있는
풋보리 그 가시라기

만약 사람을
도리깨로 다스린다면
한 40년 잘못 살아온
내 죄는 몇 가마니나 될까
그 한번 모조리 훑고 떨어서
담아보고 싶어라

내 친구 김바위
타작마당에 가 보니
빚더미 그 높이만큼이나
쌓아놓은 보리 가마
그 죄는 허접한 쭉정이
불을 질러버리더라.

이 세상에서 제일로 환한 웃음

 지난 입춘 다음다음날 여든은 실히 들어 보이는 얼굴이 캉캉한 촌 노인이 우리 절 축대 밑에 쭈그리고 앉아 아주 헛기침까지 해가면서 소주잔을 홀짝홀짝거리고 있었는데 그 모양을 본 한 스님이 "어르신, 여기서 술을 마시면 지옥 갑니다. 저쪽 밖으로 나가서 드십시오." 하고 안경 속의 눈을 뜨악하게 치뜨자 가뜩이나 캉캉한 얼굴을 짱땅그려 스님을 치어다보던 노인이 두 볼이 오므라들도록 담배를 빨더니 어칠비칠 걸어나가면서 "요 절에도 중 냄새 안 나는 시님은 없다캐도. 내 늙어 요로코롬 시님들이 괄대할 줄 알았다캐도 고때 공비놈들이 대흥사에 불처지를라칼 고때 구경만 했을끼이라캐도. 쩌대는 무논에서 뼈빠지게 일을 했다캐도 타작마당머리에서는 뼈 빠진 놈은 허접스런 쭉정이뿐이라캐도 시님들 공부 잘하시라고 원망 한번 안 했는디 아 글쎄 공비놈들이 나타나고 전쟁이 터지자 생사가 똑같다카든 대흥사 시님들은 불사처不死處를 찾아 다 떠나고 절은 헌 벌집처럼 행뎅그렁 비어 있을 고때 여름 장마에 담장과 축대가 허물어지고 총소리와 비행기 소리에 기왓장이 다 깨지고 잡초가 무성하고 빗물이 기둥과 서까래를 타고 내릴 고때 공비놈들이 은신처가 되었을 고때 공비놈들이 소 잡아묵고 떠나면서 대웅전에 불을 지를라칼 고때 그 불 누가 막고 그 절 누가 지켰나캐도……. 그 절 지킨 시님 있으마 당장 나와 봐라캐도, 화재 막고 허물어진 축대 담장 쌓고 잡초 뽑아내고 농사지어 놓으니 불사처에서 돌아와 검누렇게 뜬 낯짝 쌍판대기가 계접스러운 데다 어깨와 갈빗대가 뼈 가죽을 쓰고 있는 것 같은 소작인들을 불러 놓고 절 중수한다꼬칼 고 때도 낯짝만 몇 번이고 문질렀을 뿐이라캐도. 내 늙어빠져 요로코롬 시님들이 업신여기고 박절하게 괄대 천시할 줄 알았다캐도 고때 나도 불구경이나 했을끼이라캐도……."

이렇게 욕지거리를 게워 내는 것이었는데 그 욕지거리를 우리 절 개살구나무가 모조리 다 빨아먹고 신물이 들대로 들어 올봄 상춘객에게 이 세상에서 제일로 환한 꽃을 보여 주었습니다. 이 세상에서 제일로 환한 웃음을 선사하였습니다.

다람쥐 두 마리

　아득한 옛날 무슨 전설이나 일화가 아니라 요 근년 비구니스님들이 모여 공부하는 암자에서 일어난 사건입니다. 물론 숲 속에 파묻힌 돌담 주춧돌도 천 년 고탑도 비스듬한 그 암자의 마당에 들어서면, 물소리가 밟히고 먹뻐꾹 울음소리가 옷자락에 배어드는 심산의 암자이지요. 그 암자의 마당 끝 계류가에는 생남불공 왔던 아낙네들이 코를 뜯어먹어 콧잔등이 반만큼 떨어져나간, 그래서 웃을 때는 우는 것 같고 정작 울 때는 웃는 것 같은 석불도 있지요. 어떻게 보면 암자가 없었으면 좋을 뻔했던 그 두루적막 속에서 20년을 살았다는 노비구니스님이 그해 늦가을 그 석불 곁에 서서 물에 떠내려가는 자기의 그림자를 붙잡고 있을 때, 다람쥐 두 마리가 도토리를 물고 돌담 속으로 뻔질나게 들락거리는 것을 보게 되었지요. "옳거니! 돌담 속에는 도토리가 많겠구나. 묵을 해 부처님께 공양 올리고 먹어야지. 나무아미타불." 이렇게 중얼거린 노비구니스님이 돌담을 허물어뜨리고 보니 과연 그 속에는 도토리가 한 가마는 족히 나왔지요.

그런데 그 한 가마나 되는 도토리를 몽땅 꺼내어 묵을 해 먹었던 다음 날 아침에 보니, 그놈의 다람쥐 두 마리가 노비구니스님의 흰 고무신을 뜯어 먹고 있었답니다. 그 흰 고무신을 뜯어 먹다가 죽었답니다.

내가 쓴 서체를 보니

지난날 내가 쓴 반흘림 서체를 보니
적당히 살아온 무슨 죄적만 같구나
붓대를 던져버리고
잠이나 잘 걸 그랬던가.

이날토록 아린 가슴을 갈아놓은 피의 먹물
만지, 하늘 펼쳐놓자 역천인가 온몸이 떨려
바로 쓴 생각조차도 짓이기고 말다니!

살갗만 살았더라

살갗만 살았더라
우리네 삶 끝까지 가 봐도

속살 깊이 울던 울음도
먹피로 삭아버리고

살갗만 살갗끼리만 어떤,
세포 속에 살더라.

살갗만 살았더라!
살갗만 살았더라!

일러준 내 말뜻을
알아듣는 이 없어

눈뜨고 곤장 삼백 대를
내가 도로 맞았도다

목숨 값

다스리는 세상은 아무래도 멍에! 멍에!
말뚝 없는 소전거리 코를 꿰매 놓고
다 같은 소의 몸으로 목숨에도 값을 매겼네

내 몸에 뇌신雷神이 와서

이날 내 몸에 미친 하늘 뇌신이 와서
세상을 다 때려 부수고 서천 번개로 가자 한다
번개 그 불빛만 봐도 나는 잘 갑시는데

이 모진 죽살이의 질긴 피죽 벗겨 보면
한 치 흙도 파지 않고 인도에도 묻은 지뢰
한 자국 높디딘 생각은 저 가교를 밟고 갔네

슬픔은 날이 날마다 낙엽처럼 쌓이는데
끝까지 달아봐도 끝내 모를 자유의 근량斤量
먼 훗날 홀로 남아서 오늘을 말할 바위도 없다

하룻밤에

오직 저 하늘의 새벽 별만 아는 일이다
하룻밤에 만 번 죽고 만 번 사는 그 이치를
하룻밤 그 사이에 절여 놓은 이 산천을

망월동에 갔다 와서

지난달 무슨 일로 광주까지 갔다가
돌아오는 길에 망월동에 처음 가 보았다
그 정말 하늘도 땅도 바라볼 수 없었다

망월동에서는 아무것도 보이지 않아
망월동에서는 묵념도 안 했는데
그 진작 망월동에서는 못 본 것이 보여

죽을 일이 있을 때는 죽은 듯이 살아온 놈
목숨이 남았다 해서 살았다고 할 수 있나
내 지금 살아 있음이 욕으로만 보여

육감

대 내린다 대 내린다
신통 대 내린다

바늘 끝으로 찔려도 아프지 않던
양심의 살은 떨리고

이제사 내 무딘 손끝의
육감에 대 내린다

피 받아라 피 받아라
공수 받듯 피 받아라

침담그듯 침담그듯이
떫은 생각은 다 우려내는

이 치하 살아갈 길의
대 내리는 피 받아라!

대 내리는 내 육감에
나는 오래 못 살 것 같은데

나와 같이 죽을
사람 없는 이 나라다

그러나 해돋이 마을
내가 묻힐 나라란다.

내 삶은 헛걸음

간혹 대낮에 몸이 흔들릴 때가 있다.
땅을 짚어봐도 그 진도는 알 수 없고
그럴 땐 눈앞의 돌도 그냥 헛보인다.

언젠가 무슨 일로 홍릉 가던 길목이었다
산사람 큰 비석을 푸석돌로 잘못 보고
발길로 걷어차다가 다칠 뻔한 일도 있었다.

또 한 번은 종로 종각 그 밑바닥에서였다
누군가 내버린 품처 없는 한 장 통문
그 막상 다 읽고 나니 내가 대역죄인 같았다.

그 후론 정말이지 몸조심한다마는
진도가 심할 때는 어쩔 수 없이 또 흔들리고
따라서 내 삶도 헛걸음 헛보고 헛딛는다.

두드러기

진작 다 알고도
말 한마디 하지 않고

산중에 혼자 앉아
채식만 한 탓이라

요즘은 신문을 펼쳐도
온몸에 번지는 두드러기.

오늘의 정가

잉어도 피라미도 다 살았던 봇도랑

맑은 물 흘러들지 않고 더러운 물만 흘러들어

구정물 좋아하는 미꾸라지 놈들

용트림할 만한 오늘

| 조 오 현 | 연 보 |

1932년 경남 밀양에서 출생.
1939년 절간 소머슴으로 입산.
1979년 시조집 『심우도尋牛圖』 출간.
1997년 역서 『벽암록』 출간.
1998년 (재)만해사상실천선양회를 창립.
1999년 역서 『무문관』 출간.
2000년 시집 『산에 사는 날에』 출간.
2003년 시집 『절간이야기』 출간.
2004년 『신경림 시인과 열흘간의 만남』 출간.
2006년 시집 『만악가타집萬嶽伽陀集』 출간.
2007년 시집 『아득한 성자』 출간.
2008년 시집 『비슬산 가는 길』 출간.
2013년 시인 평론가들이 집필한 조오현의 시세계 『빈 거울을 절간과 세간 사이에 놓기』가 출간됨.

현 재 설악산 신흥사 조실.

〚한국대표명시선100〛을 펴내며

한국 현대시 100년의 금자탑은 장엄하다. 오랜 역사와 더불어 꽃피워온 얼·말·글의 새벽을 열었고 외세의 침략으로 역경과 수난 속에서도 모국어의 활화산은 더욱 불길을 뿜어 세계문학 속에 한국시의 참모습을 드러내게 되었다.

이 나라는 글의 나라였고 이 겨레는 시의 겨레였다. 글로 사직을 지키고 시로 살림하며 노래로 산과 물을 감싸왔다. 오늘 높아져 가는 겨레의 위상과 자존의 바탕에도 모국어의 위대한 용암이 들끓고 있음이다.

이제 우리는 이 땅의 시인들이 척박한 시대를 피땀으로 경작해온 풍성한 시의 수확을 먼 미래의 자손들에게까지 누리고 살 양식으로 공급하는 곳간을 여는 일에 나서야 할 때임을 깨닫고 서두르는 것이다.

일찍이 만해는 「님의 침묵」으로 빼앗긴 나라를 되찾고 잃어가는 민족정신을 일으켜 세우는 밑거름으로 삼았으며 그 기룸의 뜻은 높은 뫼로 솟아오르고 너른 바다로 뻗어 나가고 있다.

만해가 시를 최초로 활자화한 것은 옥중시「무궁화를 심고자」(《개벽》 27호 1922.9)였다. 만해사상실천선양회는 그 아흔 돌을 맞아 만해의 시정신을 기리는 일의 하나로 '한국대표명시선100'을 펴내게 된 것이다.

이로써 시인들은 더욱 붓을 가다듬어 후세에 길이 남을 명편들을 낳는 일에 나서게 될 것이고, 이 겨레는 이 크나큰 모국어의 축복을 길이 가슴에 새겨나갈 것이다.

만해사상실천선양회

한국대표명시선100 | 조오현
마음 하나

1판1쇄 발행 2013년 7월 5일
1판2쇄 발행 2016년 9월 29일

지 은 이 조오현
뽑 은 이 만해사상실천선양회
펴 낸 이 이창섭
펴 낸 곳 시인생각
등록번호 제2012-000007호(2012.7.6)
주   소 고양시 일산동구 호수로 688. A-419호
          ㈜10364
전   화 050-5552-2222
팩   스 (031)812-5121
이 메 일 lkb4000@hanmail.net

값 6,000원

ⓒ 조오현, 2013
ISBN 978-89-98047-09-2 03810

* 저자와의 협의에 의하여 인지를 생략합니다.
* 이 책의 저작권은 저자와 시인생각에 있습니다.
* 잘못된 책은 책을 구입하신 서점에서 교환하여 드립니다.

※ 이 책은 만해사상실천선양회의 지원으로 간행되었습니다.